di

divana Verlag

Original Titel:
Nonmonogamy and Neurodiversity

Verlag: Thornapple Press, Canada

Deutsche Fassung veröffentlicht im divana Verlag:
Neurodiversität und Nicht-Monogamie

Deutscher Verlag: © divana Verlag
1. Auflage 2024

Übersetzung und Lektorat: Annika Kirchesch und Maximiliane Krämer
Buchsatz und Cover: Marcele Rimoli
Verlegerin: Natacha Jill Colin

ISBN
Buch 978-3-910590-09-0
ebook 978-3-910590-14-4

Bibliografische Information der Deutschen Nationalbibliothek:
Die Deutsche Nationalbibliothek verzeichnet diese Publikation in der Deutschen Nationalbibliografie; detaillierte bibliografische Daten sind im Internet über http://dnb.dnb.de abrufbar.

Für Tai, die die Herausforderung angenommen hat.
Für Rose, die meinen Horizont erweitert hat.
Für Tsura, die mein Herz fesselt.

Inhalt

Danksagungen 06

Einleitung 08

Warum ich? 18

Wie man dieses Buch verwendet 21

I. Die Chancen der Nicht-Monogamie 28

Du brauchst Regeln, die Sinn ergeben 30

Du flirtest nicht so, wie sie es tun 36

Du bist eine weirde Entdeckung 40

Du schätzt deine Unabhängigkeit 45

Du blühst in einer Umgebung mit klarer Kommunikation auf 48

II. Die Herausforderungen der Nicht-Monogamie 54

Rejection-sensitive dysphoria 56

Alexithymie 65

Neue Regeln, neue Grenzen 69

Die Hölle - das sind die Anderen 75

Fazit 84

Glossar 92

Danksagungen

Dieses Buch wäre ohne die Community, die die Begriffe 'Neurodiversität' und 'Neurodivergenz' geprägt und mir geholfen hat, herauszufinden, dass ich dazugehöre, nicht möglich gewesen.

Es wäre auch nicht zustande gekommen ohne die Arbeitgeber*innen, die meine Eigenheiten genug respektierten, um sie anzunehmen und mir ermöglichten, ein Leben aufzubauen, das vielen meiner neurodivergenten Geschwistern verwehrt bleibt. Meine Gedanken sind heute das, was sie sind, aufgrund der Partner*innen, die ich in den vergangenen Jahren geliebt habe, und die mich in der Vergangenheit, Gegenwart und Zukunft lieben werden und geliebt haben. In unserer Einzigartigkeit liegt Schönheit und dank euch kann ich sie mit der Welt teilen.

Einleitung

Stell dir vor: Du warst schon immer anders. Die Gedanken anderer Menschen sind für dich ein kleines Mysterium oder deine sind es für sie - oder beides.

Mit deiner großen Begeisterung können sie nicht umgehen, die sich oft nicht dorthin richtet, wo andere Menschen denken, dass sie sein sollte. Dinge, die sie begeistern, lassen dich kalt. Es gibt Aufgaben, bei denen du besser bist als sie es je für möglich gehalten hätten. Manche Dinge erscheinen ihnen trivial, aber für dich fühlen sie sich unmöglich an. Wiederum andere Dinge stören dich, aber ihnen scheinen sie nicht einmal aufzufallen.

Vielleicht fällt es dir schwer zu bemerken, ob du hungrig bist oder auf die Toilette musst. Vielleicht ist dein Geschmackssinn so sensibel, dass du erkennen kannst, welche Marke von getrocknetem Thymian der Koch verwendet hat.

In deiner Kindheit hast du immer wieder Kommentare von Lehrkräften und Betreuer*innen gehört wie: „Wenn du dich nur mehr anstrengen würdest", „ist sehr selbstständig und kann unabhängig arbeiten", „kann nicht stillsitzen", „träumt zu viel", „macht keine Hausaufgaben", „räum dein Zimmer auf".

Du hattest oft hervorragende Noten in einigen Fächern oder Arbeiten und katastrophale Noten in anderen, was deine Lehrkräfte ratlos machte. Vielleicht hat laute Musik dich schon immer lebendig fühlen lassen oder vielleicht bist du so geräuschempfindlich, dass du dir die Ohren zuhältst, wenn Rettungsfahrzeuge vorbeifahren. Vielleicht scheinst du Sprache erst einige Sekunden nach ihrer Produktion zu verarbeiten, was deine Freund*innen verwirrt, weil du sie bittest, sich zu wiederholen, und dann, noch bevor sie fertig sind, auf das ursprünglich Gesagte antwortest.

Liebe zu finden war wahrscheinlich eine Herausforderung für dich und vielleicht ist es dir noch nicht gelungen, darin auf eine für dich befriedigende Weise erfolgreich zu sein.

Du hast dein Leben lang das Gefühl gehabt, ein*e Außenseiter*in zu sein und neben den 'normalen' Leuten herzuleben, aber nie wirklich eine*r von ihnen zu sein. Du hast verschiedene Begriffe nachgeschlagen, um zu versuchen, deine Eigenarten zu benennen. Vielleicht hast du ein paar vage soziale Label wie 'hochsensible Person' oder 'Empath*in' ausprobiert, popkulturelle Konzepte wie 'Nerd' in Betracht gezogen oder sogar eine Diagnose wie z. B. Autismus oder Aufmerksamkeitsdefizit-Hyperaktivitätsstörung (ADHS) von einer medizinischen Fachkraft erhalten. Am Ende mögen sich einige oder alle diese Begriffe richtig anfühlen, aber ein Wort umschreibt dich und so viele andere: neurodivergent. Dieses Buch ist für dich.

„Die *bekanntesten* Beispiele für Neurodivergenz sind Autismus und ADHS."

Neurodivergenz bezieht sich darauf, dass die Denkprozesse einer Person nicht wie die von anderen Menschen funktionieren. Das gegenteilige Konzepte hierzu nennt sich 'neurotypisch' - ein viel netteres Wort als 'normal'. Menschen, die neurodivergent sind, erleben die Welt und sich selbst anders als es als (neuro-)typisch angesehen wird. Neurodivergenz umfasst Unterschiede in sozialer Interaktion, im Lernen, bei der Konzentration, bei emotionalen sowie sensorischen Reaktionen und vielem mehr.

Die bekanntesten Beispiele für Neurodivergenz sind Autismus und ADHS sowie damit oft verbundene Begleiterscheinungen wie Dyspraxie (beeinträchtigte Koordination), Dyskalkulie (Schwierigkeiten beim Erlernen von Mathematik), Legasthenie (Schwierigkeiten beim Lesen) und das Tourette-Syndrom (plötzliche, repetitive Tics). Andere Zustände wie eine Borderline-Persönlichkeitsstörung, posttraumatische Belastungsstörung (PTBS) und dissoziative Identitätsstörung werden manchmal ebenfalls einbezogen.

> Das Konzept der Neurodivergenz dient dazu, diese Zustände zu entpathologisieren und als Unterschiede, die verstanden, bewältigt und berücksichtigt werden können, darzustellen. Unsere Welt ist von Neurodiversität geprägt, in der neurotypische Menschen mit Personen verschiedener neurodivergenter Hintergründe koexistieren und eine wunderschön heterogene Vielfalt der Menschheit bilden.

Neurodivergenz und Neurodiversität leugnen nicht, dass diese Zustände herausfordernd oder sogar einschränkend sein können oder dass sie manchmal von medizinischer Intervention profitieren. Vielmehr erkennen diese Konzepte an, dass es sich um lebenslange, oft unheilbare Zustände handelt, die Teil des großen Mosaiks menschlicher Vielfalt sind, und dass die betroffenen Menschen Anerkennung, Unterstützung und Verständnis verdienen. Neurodivergente Menschen können Wertschätzung und Gemeinschaft bei anderen Menschen mit ähnlichen Denkmustern und Herausforderungen erfahren. Das Konzept der Neurodivergenz hilft uns dabei, uns gegenseitig zu finden.

Das ist also Neurodivergenz, aber was ist dann Nicht-Monogamie? Kurz gesagt bedeutet Nicht-Monogamie, dass man gleichzeitig mehrere intime Beziehungen führt, mit dem Wissen und der Zustimmung aller Beteiligten.

Während der gesellschaftliche Standard in der westlichen Welt[1] Menschen in der Regel auf eine einzige romantische und sexuelle Beziehung beschränkt, eröffnet Nicht-Monogamie die Möglichkeit für eine Vielzahl anderer Modelle. Eine nicht-monogame Person könnte gleichzeitig mehrere romantische Beziehungspersonen haben und sie alle als gleichberechtigte Empfänger*innen ihrer Liebe und Zuneigung betrachten. Sie könnte mit mehreren dieser Partner*innen in einem gemeinsamen Zuhause leben und 'Küchentisch-Polyamorie' praktizieren, bei der die gesamte Gruppe so eng wie ein Paar in einer monogamen Beziehung miteinander verbunden ist.

[1] **Anmerkung der Übersetzer*innen:** Die Autorin schreibt an dieser Stelle von „English-speaking world“. Wir haben uns an dieser Stelle dazu entschieden, dies mit „westlicher Welt“ zu übersetzen, da nicht in allen englischsprachigen Teilen der Welt und nicht nur in diesen solch ein gesellschaftlicher Standard vorherrscht.

Ein Paar könnte Swinger sein, was bedeutet, im Alltag als Paar zu leben, aber außereheliche Verbindungen in einem ausgewählten Rahmen zu verfolgen. Eine Person könnte alleine leben, aber mehrere Partner*innen haben und diese alle separat daten.

Eine Person könnte viele Beziehungen unterschiedlicher Intimitätsstufen haben, zwanglose Verbindungen suchen, die von ihren romantischen Beziehungen getrennt sind, oder sich weigern, ihren Beziehungen Labels zuzuweisen und sie einfach so sein lassen, wie sie sind.

Einige nicht-monogame Beziehungen umfassen die gemeinsame Elternschaft in verschiedenen Kombinationen oder das Zusammenleben in unterschiedlichen Konstellationen. Manche Menschen bilden Gruppen, in denen sich alle Mitglieder auf ähnliche Weise lieben, während die Partner*innen anderer nicht miteinander verbunden sind. Eine nicht-monogame Person könnte sogar in mehrere dieser Kategorien gleichzeitig passen.

Was all diese Möglichkeiten vereint, ist, dass sie die Einschränkung ablehnen, dass eine Person nur eine einzige intime Verbindung haben kann, die einem bestimmten Muster der 'Beziehungsrolltreppe' folgen muss, bei dem sich die Verstrickung und Vereinigung immer weiter steigert, angefangen bei zwanglosem über exklusives Dating, Heirat, Zusammenlegung von Haushalten und Finanzen, gemeinsame Elternschaft und so weiter. Außerhalb der Grenzen dieses Modells sind die Möglichkeiten so grenzenlos, wie die Menschen sie benötigen und noch darüber hinaus. Es ist wichtig zu beachten, dass Nicht-Monogamie nicht 'Betrügen', genauso wenig wie Rugbyspielen 'geschummelter' Fußball ist. Nicht-Monogamie beinhaltet das Bewusstsein und die Zustimmung aller Beteiligten. In diesem Buch werde ich die Begriffe 'Nicht-Monogamie' und 'Polyamorie' synonym verwenden.[2]

> Nicht-Monogamie kann sich wie ein Spiel für 'normale' Menschen anfühlen, das für neurodivergente Menschen, wie uns, nicht verfügbar ist. Für eine Person, deren Denken nicht mit neurotypischen Mustern übereinstimmt, kann es eine unüberwindbare Herausforderung sein, eine intime Beziehung zu führen, geschweige denn, mehrere zu managen.

> Mehr als eine Beziehung zur gleichen Zeit zu haben, kann wie ein unmöglicher Traum erscheinen oder etwas, bei dem es keinen Sinn ergibt, es überhaupt zu wollen. Die Ironie ist jedoch, dass Nicht-Monogamie auch ein Minderheitenstatus ist, und neurodivergente Menschen oft zum Ungewöhnlichen tendieren, aus Gründen, die so vielfältig wie neurodivergente Menschen selbst sind.

Oft fühlen wir nicht dieselbe Loyalität gegenüber sozialen Konventionen wie neurotypische Menschen, da diese für uns selten von Vorteil sind und uns oft unklar und verwirrend erscheinen. Wir sind häufig neugierig auf neue und aufregende Ideen. Niemand erkennt die Aspekte des Mainstream-Verhaltens, die keinen Sinn ergeben, so gut wie wir, und macht ihre weniger verbreiteten Alternativen attraktiv. Unsere Prioritäten stimmen oft nicht mit dem überein, was die Masse für priorisierenswert hält, wodurch alternative Lebensstile perfekt zu uns passen. Das Fazit ist einfach: Polyamorie ist auch für neurodivergente Menschen.

[2] Diese synonyme Verwendung findet jedoch meistens im Diskurs so nicht statt. Für weitere Informationen siehe: polysecure von Jessica Fern.

WARUM ICH?

Nicht-Monogamie und Neurodivergenz sind für mich persönlich als nicht-monogame, autistische Transfrau, die seit über einem Jahrzehnt in der neurodivergenten Community aktiv ist, existentiell. Ich habe somit eine besondere Verbindung zu diesen Themen.

Meine Beiträge wurden in den meisten Ausgaben der jährlichen Autismus-fokussierten Literatur- und Essay-Anthologie *Spoon Knife* von Autonomous Press veröffentlicht. Zudem blogge ich über meine Erfahrungen als autistische Transfrau und andere Themen auf *The Perfumed Void*[3].

Bevor eine ehemalige Partnerin vorschlug, dass wir Nicht-Monogamie ausprobieren sollten, hatte ich der Idee nie viel Aufmerksamkeit geschenkt. Viele der Regeln konventioneller, monogamer und neurotypischer Beziehungen ergaben für mich jedoch nie Sinn.

[3] (the-orbit.net/alyssa).

So zum Beispiel auch die Vorstellung, dass ich andere Frauen nicht einmal anschauen soll, wenn ich in einer Beziehung bin, oder dass ich das Bedürfnis verspüren soll, die Interaktionen meiner festen Freund*innen mit anderen zu überwachen, um sicherzustellen, dass sie nie in den emotionalen Bereich eindringen, der 'rechtmäßig' mir gehört.

Diese Vorstellungen haben mich häufig verwirrt und ich habe viel Zeit damit verbracht, Partner*innen und potenzielle Partner*innen mit meiner Gleichgültigkeit zu verwirren. Noch mehr Zeit habe ich in frustrierendem Singledasein verbracht, überzeugt davon, dass ich zu seltsam sei, um geliebt zu werden.

> In einer kubanisch-amerikanischen Gemeinschaft in Miami aufzuwachsen, wo laute, bombastische Eifersuchtsausbrüche als etwas Natürliches, Offensichtliches und sogar Notwendiges in romantischen Beziehungen angesehen werden, hat diese Erfahrungen für mich nicht einfacher gemacht. Als sich mir die Möglichkeit eines anderen Weges bot, habe ich sie mit Begeisterung angenommen. Ich stellte fest, dass dieser Weg besser zu meinen neurodivergenten Neigungen passte als das monogame, normative Modell es je könnte.

Die Erkenntnis, dass es Namen dafür gab, wer ich bin und wie ich funktioniere - 'autistisch' und 'trans*' - war eine weltbewegende Erfahrung, die meine Selbstwahrnehmung neu definierte. Eine ähnliche Erleichterung empfand ich darin, zu wissen, dass ich mich nicht als Einzige nach einem Beziehungsmodell sehnte, das nicht Exklusivität und Eifersucht als Leitprinzipien zu Grunde hat. Ich möchte diese Möglichkeit für andere, insbesondere für meine neurodivergenten Mitmenschen, zugänglicher machen und deshalb habe ich dieses Buch geschrieben.

WIE MAN DIESES BUCH VERWENDET

Zu oft wird die neurodivergente Community marginalisiert, entsexualisiert oder bevormundet. Viele Menschen betrachten uns als extrem selten, unverständlich seltsam, tragisch kindisch und grundsätzlich außerhalb der Bereiche des Sexuellen oder Romantischen oder sogar als unfähig, als eigenständige, unabhängige Menschen überhaupt zu existieren. Für viele ist es undenkbar, dass wir nicht nur enge, intime Beziehungen zu anderen Menschen aufrechterhalten, sondern auch mehr als eine zur gleichen Zeit führen können.

Unsere Realität ist jedoch ganz anders. Die Tatsache, dass wir die Welt nicht so sehen oder darin agieren wie andere Menschen, macht Nicht-Monogamie sowohl einzigartig herausfordernd als auch besonders gut geeignet für Menschen wie uns. Viele Formen der Neurodivergenz passen, wenn überhaupt, besser zu den Anforderungen dieses Lebens als der neurotypische Standard. Das Kultivieren dieser Eigenschaften kann ein polyamores Leben viel einfacher machen.

Es sollte jedoch beachtet werden, dass einige Verhaltensweisen, die mit der Neurodivergenz einhergehen, das Leben in einer polyamoren Beziehung schwieriger machen können und dies sollte nicht ignoriert werden. Dieses Buch zielt darauf ab, beide Aspekte abzudecken, indem es eine Einführung in die Überschneidung von Nicht-Monogamie und Neurodivergenz gibt und erläutert, wie sich unsere neurodivergente Identität auf unsere Erfahrungen mit Polyamorie auswirken kann. Beachte, dass ich keine Fachkraft im Bereich psychische Gesundheit bin und dieses Buch keine medizinische Hilfe ersetzen kann.

Dieses Buch richtet sich in erster Linie an neurodivergente Menschen, die nicht-monogame Beziehungsmuster in Betracht ziehen oder praktizieren. Es zielt darauf ab, dass neurodivergente Menschen verstehen, wie gut wir für ein polyamores Leben geeignet sind, und soll neurodivergenten Menschen helfen, die Herausforderungen, die mit ihrer Neurodivergenz in der Nicht-Monogamie einhergehen, zu erkennen, anzugehen, zu bewältigen und zu überwinden.

Darüber hinaus richtet sich dieses Buch auch an (potenzielle) Partner*innen von neurodivergenten Menschen, um sie darin zu unterstützen, die Perspektive ihrer neurodivergenten Liebenden in Bezug auf die Nicht-Monogamie zu verstehen und so verständnisvolle, rücksichtsvolle und gut informierte Partner*innen für die gestaltbaren Beziehungen in ihrem Leben zu sein.

Vor allem aber soll dieses Buch sicherstellen, dass nicht-monogame Beziehungen für neurodivergente Menschen so offen und zugänglich wie möglich sind, denn dieses Geschenk gehört nicht nur den neurotypischen Menschen. Es gehört uns allen.

Einige Leser*innen mögen erwarten, dass ein Buch wie dieses nach bestimmten Störungen gegliedert ist, mit separaten Abschnitten für Autismus, ADHS und so weiter. Eine solche Struktur wäre jedoch kontraproduktiv gewesen.

Neurodivergenz ist ein Konzept mit fließenden, beweglichen Grenzen. Welche Voraussetzungen darunter fallen (oder auch nicht), variieren im Laufe der Zeit und je nach Meinung. Auch ändern sich diagnostische Kriterien, Definitionen und sogar, welche Zustände als für sich stehende Einheiten betrachtet werden. Beispielsweise wurde im Jahr 2013 das Asperger-Syndrom nicht mehr als eigenständige Erkrankung anerkannt, sondern als Teil des Autismus-Spektrums.

Außerdem laufen weiterhin Untersuchungen zur Unterscheidung zwischen Autismus und ADHS, da Studien gezeigt haben, dass die ursprünglichen Definitionen beider Erkrankungen fehlerhaft und ineinander verworren waren. Viele Menschen haben mehrere Diagnosen, können keine Diagnose erhalten, fühlen sich dennoch mit der Neurodivergenz verbunden und manche ändern ihre Diagnosen, wenn sie Zugang zur medizinische Versorgung erhalten. Das Konzept der Neurodiversität bietet Platz für uns alle, unabhängig davon, wie wir bezeichnet werden.

> Eine Gliederung des Textes nach bestimmten Störungen hätte ihn auf den Moment, in dem er geschrieben wurde, beschränkt und er wäre, sobald neue Forschungsergebnisse vorliegen würden, veraltet.

Stattdessen ist dieses Buch in zwei Hauptteile gegliedert. Im ersten werden verschiedene Merkmale und Eigenschaften behandelt, die bei neurodivergenten Menschen häufig auftreten und die die Polyamorie für uns erleichtern können. Die Nicht-Monogamie wird somit zu einer Möglichkeit, ein Leben zu führen, das besser zu unserer Denkweise passt.

Im zweiten Teil werden Merkmale behandelt, die die Nicht-Monogamie für uns schwieriger machen. Außerdem werden Ratschläge gegeben, wie wir mit ihnen umgehen können.

Diese Eigenschaften, sowohl hilfreiche als auch herausfordernde, treten bei verschiedenen Formen der Neurodivergenz (wie ADHS oder Autismus) auf. Sie sind, unabhängig davon, welcher Form der Neurodivergenz eine Person angehört, gleichermaßen verwirrend und bewundernswert. Der diagnostische Name der jeweiligen Form der Divergenz einer Person ist oft weniger wichtig als die Erfahrungen, die sie veranlasst haben, eine solche Diagnose zu verfolgen oder zu erhalten; und das hat hier Priorität. Auf diese Weise können die Lesenden den Rat suchen, der ihrer spezifischen Situation am besten entspricht, ohne von klinischen Richtlinien gestört zu werden.

I. Die Chancen der Nicht-Monogamie

Die Nicht-Monogamie ist nicht auf einen bestimmten Neurotyp beschränkt. Sowohl neurotypische als auch neurodivergente Menschen können feststellen, dass Polyamorie das richtige Beziehungsmodell für sie ist.

In mancher Hinsicht finden viele neurodivergente Menschen, dass Polyamorie ideal zu ihrer Art zu Denken und sich in der Welt zurechtzufinden passt. Polyamorie kann einen willkommenen Bruch zu den Beschränkungen der neurotypischen Welt darstellen und somit neue Möglichkeiten eröffnen.

DU BRAUCHST *REGELN,* DIE SINN *ERGEBEN*

Neurodivergente Menschen haben oft starke Vorstellungen von Gerechtigkeit, Fairness und Logik. Es ist für viele von uns wichtig, die Regeln zu verstehen, denen wir folgen sollen. Das betrifft nicht nur das erwartete oder untersagte Verhalten, sondern auch den Grund für die Regel, was sie erreichen soll und welche Schäden entstehen können, wenn sie gebrochen wird. Wenn wir die Antworten auf diese Fragen nicht kennen, fällt es uns schwer, zu erkennen, wann wir gegen Regeln verstoßen haben, selbst wenn wir aus rein praktischen Gründen dazu neigen, ihnen zu folgen.

Neurotypische Menschen sind es gewohnt, diese Regeln zu kennen und scheinen sie implizit zu verstehen, wodurch sie alle unausgesprochenen Voraussetzung und Annahmen erfüllen können. Wenn wir sie nach diesen Regeln fragen, können sie sie jedoch nur schwer benennen oder sogar wahrnehmen. Diese Realität bringt neurodivergente Menschen in eine schwierige Position, die noch tausendmal schlimmer wird, wenn es um Regeln geht, die etwas so vertraut Emotionales und schwer a priori zu Verstehendes wie Monogamie betreffen.

> Viele von uns reagieren mit dem Impuls, um detaillierte Klarstellungen zu bitten, wenn wir mit unbekannten Regeln konfrontiert werden. Oft gehen wir so weit, dass es als lästig oder aufdringlich empfunden wird.

Neurotypische Menschen denken aufgrund dessen oft negativ von uns und betrachten diese Angewohnheit als Beweis dafür, dass wir nicht so intelligent sind wie sie, weil wir diese Dinge nicht 'einfach wissen'. Schlimmer noch, sie betrachten dieses Verhalten oft als hinterlistig und verschlagen, als würden wir nach Schlupflöchern und Ausreden suchen. Besonders dann, wenn wir Regeln infrage stellen, die für uns auch nach ihrer Erläuterung keinen Sinn ergeben oder offensichtlich nicht ihrem erklärten Zweck dienen.

In monogamen Beziehungen wird oft vorausgesetzt, Grenzen zwischen verschiedenen Verhaltensweisen zu ziehen. Ein Teil davon wird als gewöhnliche Freundlichkeit angesehen, während der Rest als bedrohliche Verletzung der Exklusivität betrachtet wird. Die Bedeutung dieser Grenzen kann vage, unklar, unbeständig, launisch und schwer zu verstehen sein.

> Ist es betrügen, mit Fremden zu tanzen? Wie sieht es mit meiner engen Freund*innenschaft zu meiner Ex aus? Was ist mit meinem jährlichen Campingausflug mit meinem*r Kindheitsfreund*in eines Geschlechts, das mich anspricht? Spielerisches Geplänkel, das manche als flirtend empfinden?

In vielen monogamen Situationen ist es sogar verdächtig, nach diesen Unterscheidungen zu fragen, da von uns erwartet wird, entweder einfach Bescheid zu wissen oder jede menschliche Interaktion abzulehnen, von der wir vermuten, dass unser*e Partner*in sie nicht gutheißt. Menschen, die eine Regel sehr genau und gründlich verstehen müssen, um sie sicher befolgen zu können, leiden in solchen Situationen.

Ein weiterer häufiger neurodivergenter Impuls besteht darin, Regeln, die wir nicht verstehen, einfach zu ignorieren. Dadurch erhalten wir die Möglichkeit, die Situation, die von der Regel gelenkt wird, zu analysieren, um herauszufinden, wie sie funktioniert. Dies nimmt uns die Angst, eine Vorschrift zu befolgen, die für uns (noch) keinen Sinn ergibt.

Einige von uns könnten sogar absichtlich Handlungen unternehmen, von denen wir denken, dass sie ‘gegen die Regeln’ sein könnten, um die Reaktion zu beobachten und unsere Intuition zu bestätigen. Dies ist ein besonders häufiges Muster, wenn wir die Konsequenzen des Nachfragens fürchten oder wenn das Fragen nicht hilft. Für neurotypische Menschen wirkt dies oft wie ein hinterhältiges Machtspiel und kaum etwas kann einer Beziehung schneller schaden als Machtspiele – oder die Wahrnehmung solcher.

Ängstlichere neurodivergente Menschen könnten bestimmte Lebensbereiche meiden, um die Situation mit den für sie unverständlichen Regeln zu umgehen. Diese Tendenz kann von missbräuchlichen Personen ausgenutzt werden, um ihre neurodivergenten Partner*innen von der Außenwelt zu isolieren. Gleichzeitig kann sie aber auch dazu führen, dass nicht-missbräuchliche Partner*innen das Gefühl haben, dass ihre neurodivergenten Beziehungspersonen übertriebene Angst vor möglichen Regelverstößen haben.

Dies belastet die Beziehung und führt zu Misstrauen. In vielen Fällen empfinden wir es nicht als ungerecht, dass unser Verhalten durch Regeln eingeschränkt wird, sondern vielmehr die Vorstellung, dass eine Person behaupten könnte, uns zu lieben, während er*sie gleichzeitig versucht, unser Verhalten stark zu verändern. Die Vorstellung, dass die Sehnsucht nach uns auf der Voraussetzung basiert, uns zu seinem*ihrem Ideal zu verändern, fühlt sich wie eine Beleidigung an.

Wenn viele von uns Schwierigkeiten haben, sich in einer Welt, die offensichtlich nicht für unsere Art zu denken gemacht ist, begehrenswert zu fühlen, dann verstärkt dies die Annahme, dass wir zu weird[4] seien, um so geliebt zu werden, wie wir sind.

Polyamorie bietet eine Freiheit von diesen Erwartungen. Nicht-Monogamie lässt - oft schon per Definition - die häufigen Vorstellungen von monogamen Beziehungen beiseite, wie zum Beispiel die Norm, dass wir nicht einmal andere Menschen unserer bevorzugten Geschlechter anschauen sollten, was für neurodivergente Menschen oft seltsam und schwer zu akzeptieren ist. Die meisten nicht-monogamen Beziehungen akzeptieren und ermutigen sogar Intimität außerhalb des Paares, statt auf der Annahme zu beruhen, dass einige menschliche Interaktionen normal sind und andere bedrohlich.

[4] **Anmerkung der Übersetzer*innen:** Es wird immer das im Original stehende 'weird' beibehalten, denn jede deutsche Übersetzung würde dem Ausdruck, der mittlerweile auch in den deutschen Sprachgebrauch übergegangen ist, nicht gerecht werden und die Gefahr der Pathologisierung oder Stigmatisierung enthalten.

Gerade weil es sich um einen so starken Bruch mit etablierten sozialen Normen handelt, erfordert Polyamorie, dass Menschen gemeinsam die Bedingungen ihrer Beziehung festlegen und diese füreinander sinnvoll machen, damit jede*r Beteiligte weiß, warum sie existieren und was sie bedeuten. Es ist nicht immer einfach und bringt eigene Herausforderungen mit sich, aber für Menschen wie uns kann sich das natürlicher anfühlen als die Anpassung an Konventionen – und das gibt Kraft.

DU FLIRTEST *NICHT SO,* WIE SIE ES TUN

Es ist wissenschaftlich erwiesen, dass die meisten Menschen Schwierigkeiten haben herauszufinden, wann andere Leute flirten. Selbst im Umgang mit vertrauten Personen in vertrauten Umgebungen interpretieren Menschen gewöhnliche Freundlichkeit routinemäßig als sexuelles oder romantisches Interesse und umgekehrt. Menschen haben auch die schlechte Angewohnheit, ihr eigenes Interesse an einer Person in Form einer Projektion als gegenseitig zu interpretieren.

> Das Thema Flirten ist schon für monogame Menschen, wenn beide neurotypisch sind, schwierig genug zu bewältigen und führt oft zu komplizierten und frustrierenden Gesprächen darüber, ob verschiedene Handlungen 'zählen' und welche Verhaltensweisen sie als Bedrohung für ihre Beziehung betrachten. Wenn jedoch neurodivergente Menschen in der Mischung sind, wird die Navigation durch all dies noch viel, viel herausfordernder.

Eine der prägendsten Erfahrungen von Neurodivergenz besteht darin, dass unser Verhalten von neurotypischen Menschen völlig anders interpretiert wird als wir es beabsichtigt haben. Neurotypische Personen haben die Gewohnheit, unsere umherschweifenden Blicke als Unaufmerksamkeit, unsere Sachlichkeit als Kälte, unsere wechselnden Stimmungen als gefährliche Unbeständigkeit, unseren Bedarf an Alleinsein als Feindseligkeit, unsere Begeisterung als sexuelles Interesse zu lesen, und vieles mehr. 'Fehlkommunikation' nennt sich dieses Spiel in neurodiversen Beziehungen, womit die meisten von uns kontinuierlich umgehen müssen. Dies zeigt sich vielleicht am deutlichsten in unseren Flirtmustern.

Kurz gesagt, neurodivergente Menschen tun viele Dinge, die neurotypische Menschen möglicherweise als flirtend interpretieren, obwohl die Absicht alles andere als das ist. Zum Beispiel tragen viele von uns ihr Herz auf der Zunge und teilen ihre Begeisterung mit allen, die zuhören wollen. Einige von uns entwickeln sehr schnell eine starke Bindung zu jeder*m, die*der scheinbar unser Interesse teilt oder genauso begeistert von den eigenen Interessen erzählt.

Oft haben wir ein anderes Verhältnis zu Berührungen und Druck und fühlen uns geerdet, wenn wir das Gewicht einer anderen Person spüren, da dies uns wertvolles kinästhetisches Feedback über unseren eigenen Körper liefert. Viele von uns meiden Blickkontakt, entweder generell oder zu Fremden, sodass unser Grundausdruck zurückhaltend, schüchtern, ängstlich oder einfach seltsam wirken kann.

Misstrauische neurotypische Partner*innen können all dies als Anzeichen sexuellen oder romantischen Interesses an den anderen beteiligten Personen interpretieren. In einer monogamen Beziehung kann diese Interpretation zu vielen unerwünschten Gesprächen führen. Wenn der*die neurotypische Partner*in nicht versteht oder respektiert, dass das Gehirn des*der neurodivergenten Beziehungsperson buchstäblich anders funktioniert als das eigene, kann dieses Missverständnis das Ende einer Beziehung bedeuten.

Polyamorie umgeht dieses Problem weitgehend. Wenn es dir erlaubt ist, außerhalb deiner bestehenden Beziehungen zu flirten, spielt es eine geringere Rolle, dass neurotypische Menschen dein Verhalten oft als flirtend fehlinterpretieren. Deine Freund*innenschaften können sich natürlich entfalten, mit all ihrer neurodivergenten Intimität, ohne der Missbilligung der Monogamie ausgesetzt zu sein.

Darüber hinaus gibt diese Entscheidung den neurotypischen Menschen in deinem Leben einen ungefährlichen Anreiz herauszufinden, wie dein Flirtmuster tatsächlich aussieht, damit sie dich unterstützen können, wenn du eine Person findest, die dich tatsächlich auf diese Art interessiert.

DU BIST EINE *WEIRDE* ENTDECKUNG

Vielleicht ist *die* definierteste neurodivergente Erfahrung, dass neurotypische Menschen neurodivergente Menschen als weird empfinden und sich in der Regel nicht zurückhalten, dies auch zu sagen. Viele von uns haben eine Kindheit erlebt, die von Ausgrenzung und Mobbing sowie davon geprägt war, sich eng an die wenigen netten Freund*innen zu klammern, die wir finden konnten und die oft selbst neurodivergent waren.

Diese Erfahrungen schreiben sich, wenn wir älter werden, in einer problematischen Dating-Historie fort, gekennzeichnet durch reichlich Ablehnung und schwindendes Selbstvertrauen. Es fällt leicht, sich nicht liebenswert zu fühlen, wenn unsere neurodivergenten Eigenheiten wie wechselnde Aufmerksamkeit, verbale Tics oder Schwierigkeiten, unausgesprochene Andeutungen aufzunehmen, die meisten Menschen abschrecken.

Nach einem Leben voller solcher Ablehnung fühlt sich die Beziehung zu einer Person, die beschließt, zu bleiben, kostbar an, selbst wenn diese ansonsten nicht gut passt und keine Erfüllung bietet, denn jede Beziehung bedeutet Abwesenheit von jener Einsamkeit. Autistische Menschen und Menschen mit einer Borderline-Persönlichkeitsstörung machen diese Erfahrung immer wieder, aber sie kann jede*n von uns treffen und ist für uns alle unangenehm.

Neurotypische, monogame Normen sagen Menschen wie uns, dass wir in der Schuld eines Menschen stehen, sobald dieser unsere Weirdness tolerierbar findet. Schließlich ist Einsamkeit die Alternative - und die kennen wir bereits und wissen, wie schlimm das sein kann.

In monogamen Beziehungen wird jedes Bedürfnis, jede Eigenart und jedes Verhaltensmuster, das nicht in das Schema passt, zu einer Bedrohung, denn wenn ein*e Partner*in unsere Bedürfnisse nicht erfüllen kann, fühlt sie*er sich vielleicht von jedem Menschen bedroht, der es könnte. Der Druck besteht darin, jedes persönliche Detail, das nicht in das Bild der Partner*in passt, abzutrennen, zu unterdrücken oder zu leugnen. Im monogamen Modell soll ein*e Partner*in schließlich alle unsere emotionalen und physischen Bedürfnisse erfüllen, daher sind die Facetten von uns nicht erlaubt, die dem*der Partner*in nicht gefallen.

Wir müssen uns klein halten, maskieren, in einer Rolle verschwinden und versuchen, die neurotypischen Partner*innen zu sein, die unsere Beziehungsperson verlangt, denn wir sind weirde Entdeckungen, oder? Etwas Besseres als das zu erwarten wäre naiv. In der Mainstream-Gesellschaft werden weirde Menschen trotz, nicht wegen ihrer Weirdness geliebt.

Aber so muss es nicht sein. Polyamorie bietet einen willkommenen Ausweg. Vielleicht ist es sehr selten, eine*n Seelenverwandte*n zu finden, der*die perfekt zu jedem Teil von uns passt, aber eine Person zu finden, mit der wir uns gut fühlen und die unsere Gesellschaft auf allumfassende Weise schätzt, ist normalerweise nicht schwer.

In einem polyamoren Modell haben wir die Freiheit, Erfüllung für die verschiedenen Facetten von uns in unterschiedlichen Beziehungen zu finden - jede mit ihren eigenen Parametern, jede mit ihrem individuellen Bindungslevel. Indem wir ein ganzes Netzwerk aus Liebe, Freund*innenschaft und Fürsorge aufbauen, gewinnen wir die Fähigkeit, unser gesamtes Selbst zu verkörpern und die Intimität zu erleben, von der die monogame Welt denkt, dass sie uns viel mehr kosten sollte.

> Der monogame Druck, eine Beziehungsperson zu finden und um jeden Preis festzuhalten, unter Androhung, niemals wieder eine solche Intimität zu erleben, existiert einfach nicht. Wir müssen nicht der*die perfekte Partner*in für eine andere Person sein. Wir können einfach wir selbst sein und diejenigen, die das richtig wertschätzen, können kommen und gehen, wie es uns und ihnen gefällt.

Du kannst so weird sein, wie dein neurodivergenter Geist es verlangt und du wirst niemals zu viel sein. Das ist das Schöne daran, weder zu erwarten, alles für eine Person zu sein, noch selbst dieser Erwartung zu unterliegen.

DU SCHÄTZT DEINE *UNABHÄNGIGKEIT*

Ein Kennzeichen der Neurodivergenz besteht darin, dass wir Lebensweisen und Alltagsgewohnheiten haben, die sich von den Erwartungen neurotypischer Menschen unterscheiden. Zu unseren Merkmalen gehören oft Dinge wie sensorische Empfindlichkeiten, die sich uns nach Pausen und Ruhe sehnen lassen, strenge Routinen, die von Besucher*innen leicht gestört werden können, und die Schwierigkeiten, mit unerwarteten Änderungen an unserem (Zeit-)Plan umzugehen. Einige von uns führen unsere Haushalte so, dass es für andere Menschen schwer ist, damit umzugehen, sei es aufgrund von akribischer Ordnung oder chaotischer Unordnung (oder Ordnung, die nur wie Unordnung aussieht).

Viele von uns lernen schon in jungen Jahren, dass Abhängigkeit von anderen Menschen dazu führt, dass unsere Bedürfnisse abgetan oder sogar verspottet werden. Bewusst oder unbewusst internalisieren neurodivergente Menschen oft die Vorstellung, dass Kontrolle der einzige Weg ist, unser Leben so aussehen zu lassen, wie wir es uns wünschen.

> Auf der traditionellen monogamen 'Beziehungsrolltreppe' erhöhen Menschen im Laufe der Zeit ganz selbstverständlich das Maß an Verschmelzung in einer Beziehung, indem sie vom Dating über das Zusammenziehen und Teilen der Finanzen bis hin zum Eingehen bindender Verpflichtungen wie Heirat und möglicherweise Kinder gehen. Dieses Modell passt nicht gut zu Menschen wie uns.

Die Erwartung, dass wir unserer Beziehungsperson zuliebe einen erheblichen Verlust an Autonomie hinnehmen müssen - sei es durch gemeinsame Finanzen, Zusammenziehen oder sogar eine Namensänderung - kann beängstigend sein. Nachdem wir uns die geringe Kontrolle über unser Leben, die uns die moderne Welt gewährt, erkämpft haben, kann bereits der Verlust eines Teils davon sich wie ein Rückschritt anfühlen, selbst wenn es nur darum geht, die Zahnbürste einer anderen Person im Badezimmer zu haben.

Darüber hinaus behandelt die neurotypische Welt neurodivergente Bedürfnisse oft, als seien sie albern, belanglos und etwas, worüber man hinwegkommen muss oder lernen sollte, ohne es auszukommen. Wenn alles, was wir wollen oder brauchen, eine Zumutung für andere ist, ist es nahezu unmöglich, herauszufinden, wann ein*e Partner*in wirklich unzumutbar ist.

Polyamore Beziehungen bieten den Beteiligten besonders die Möglichkeit, alleine zu leben. Es ist kein seltenes Arrangment für eine polyamore Person, ihr eigenes Zuhause und die Kontrolle über ihre Finanzen zu behalten und mehrere Partner*innen zu haben, die ebenfalls ihr eigenes Zuhause und ihre eigenen Finanzen behalten. Ebenso bleibt - in einer Welt, in der rechtliche Regelungen Paaren Vorrang einräumen - polyamoren Triaden oder größeren Gruppen, insbesondere solchen, die ein Zuhause teilen, kaum eine Wahl, als genau zu verhandeln, welche Art von Verschmelzung für sie sinnvoll ist.

Es kann zum Beispiel vorteilhaft sein, gemeinsame Verantwortlichkeiten für Kinder im Haushalt zu vereinbaren, aber Finanzen separat zu halten. Nicht-monogame Partner*innen, die zusammenleben, haben auch die Möglichkeit, getrennte persönliche Räume wie zum Beispiel Schlafzimmer zu haben, ohne dass die angespannten Gespräche entstehen, die in monogamen Beziehungen oft mit diesem Wunsch einhergehen; diese Option ist besonders praktisch, wenn zum Beispiel gelegentlich Partner*innen mit nach Hause gebracht werden, die nicht mit ihnen zusammenwohnen. Ohne die Erwartung, dass eine Beziehung die fortschreitende Verschmelzung aller Aspekte ihres Lebens bedeuten muss, sind die Personen frei, so viel oder so wenig Autonomie zu wahren, wie sie möchten.

DU BLÜHST IN EINER UMGEBUNG MIT *KLARER KOMMUNIKATION* AUF

Etwas, das Menschen in den meisten marginalisierten Gruppen früh lernen, ist, dass sich die breite Masse auf einfache Regeln und Annahmen verlassen kann, um ihr Handeln zu lenken, während wir das oft nicht können. Was für sie intuitiv und offensichtlich ist, ist für uns nicht so und funktioniert für uns wahrscheinlich auch nicht einfach so.

> Menschen außerhalb des Mainstreams sind gezwungen, die Ideen selbst zu konstruieren, die ihre persönlichen Realitäten prägen, anstatt sie von außen zu akzeptieren und das gilt sowohl für neurodivergente als auch für polyamore Menschen.

In der Praxis bedeutet dies, dass polyamore Beziehungen einen besonderen Grad an Kommunikation erfordern, der über den hinausgeht, der erforderlich ist, um eine Beziehung aufzubauen, die den Mainstream-Normen entspricht. Ohne das Grundgerüst der Beziehungsrolltreppe, der Exklusivität als Standard und den vorgefassten Vorstellungen darüber, was es bedeutet, einer Person auf bestimmter Art und Weise nahe zu stehen, müssen die Details individuell ausgehandelt werden, um alle Beteiligten zufriedenzustellen.

„In der Praxis erfordern polyamore Beziehungen einen besonderen *Grad an Kommunikation.*"

Für neurodivergente Menschen klingt dieses Szenario wahrscheinlich vertraut. Oft haben wir so ungewöhnliche Wünsche und Präferenzen, dass der Mainstream von uns erwartet, sie zu erklären. Darüber hinaus nehmen viele von uns, insbesondere wenn wir starke Emotionen erleben, Aussagen wörtlich, es sei denn, wir sind darauf vorbereitet worden, dies nicht zu tun. Der sorgfältige und präzise Kommunikationsstil, der daraus resultiert, ist ideal für Gespräche, in denen gemeinsame Annahmen und Faustregeln nicht gelten können und in denen sogar scheinbar bekannte Konzepte spezifisch dargelegt werden sollten, um maximale Klarheit zu erreichen. Aus ähnlichen Gründen, aus denen neurodivergente Menschen in fachwissenschaftlicher Kommunikation brillieren können, können wir auch in der Kommunikation über und innerhalb von Polyamorie glänzen, was für neurotypische Menschen überraschend sein könnte.

Präzise Kommunikation ist besonders hilfreich, wenn Gespräche sich schwierigen emotionalen Themen zuwenden. Es ist oft wichtig, dass solche Gespräche aus klaren Äußerungen über freigesetzte Emotionen, verursachte Schäden und geplante Reaktionen bestehen. Insbesondere Gespräche über Eifersucht bauen auf diese Art von Präzision und Bewusstsein, anstatt auf reflexartigen Reaktionen auf.

Ebenso profitieren Fernbeziehungen, die praktisch fast ausschließlich auf wortbasierter Kommunikation beruhen, in einer Weise, die bei weniger geografisch eingeschränkten Beziehungen möglicherweise nicht der Fall ist, stark davon, nicht auf Subtext und kulturelle Vorannahmen zu vertrauen. Die gleichen Fähigkeiten, die vielen neurodivergenten Menschen den Ruf einbringen, ‘kalt’ und ‘distanziert’ zu sein, können in einer polyamoren Umgebung, in der sie als Stärken geschätzt werden, dazu beitragen, Nähe und Intimität zu fördern.

> Es muss jedoch angemerkt werden, dass ein solcher Kommunikationserfolg nicht garantiert ist. Selbst die logischsten neurodivergenten Menschen bringen immer noch ihre eigenen Vorurteile, Hintergründe, Annahmen und schlechten Angewohnheiten in ihre Beziehungen mit, ganz zu schweigen davon, wie viele von uns unsere Methoden für die Interaktion mit dem neurotypischen Mainstream zu eingefahrenen Mustern werden lassen, die wir möglicherweise auch dann nur schwer ablegen können, wenn wir sie nicht mehr benötigen.

Diskrepanzen zwischen diesen Annahmen können zu schwierigen Gesprächen darüber führen, was vereinbarte Bedingungen tatsächlich bedeuten und was die Menschen tatsächlich voneinander erwarten. Nicht-Monogamie schafft einen Raum, in dem solche Klarheit als unbedingt notwendig angesehen wird und das sorgfältige gemeinsame Durchgehen der Regeln eher willkommen als verdächtig ist.

II. Die Challenges der Nicht-Monogamie

Es mag so wirken, als ob Nicht-Monogamie und Neurodivergenz zusammenpassen wie Topf und Deckel. In vielerlei Hinsicht tun sie das auch.

Allerdings bringt Neurodiversität auch viele Herausforderungen an den polyamoren Lebensstil mit sich. Um das Beste aus der Freiheit und den Möglichkeiten der Polyamorie herauszuholen, müssen neurodivergente Menschen sich mit diesen Schwierigkeiten auseinandersetzen sowie Lösungen, Techniken zur Schadensbegrenzung und Partner*innen finden, die bereit sind, konstruktiv zu reagieren, wenn solche Szenarien auftreten.

REJECTION-SENSITIVE DYSPHORIA[5]

Im Gegensatz zur populären Wahrnehmung, dass die meisten neurodivergenten Menschen kalt und gefühllos seien, haben viele von uns oft größere, lautere Gefühle als wir verstehen und oft wissen wir nicht, wie wir mit ihnen umgehen sollen. Eine der schwierigsten Emotionen, mit der wir kämpfen, ist die empfindliche Reaktion auf Ablehnung. Diese typische ADHS-Erfahrung führt dazu, dass alltägliche Erlebnisse von Ablehnung oder Missbilligung sich anfühlen, als würde die Allgemeinheit über unseren gesamten Wert als Menschen abstimmen. Es ist schwer, in der Beschreibung, wie intensiv diese Gefühle sein können, zu übertreiben.

Eine Person, die mit RSD zu kämpfen hat, kann in Sekundenschnelle von einer gewöhnlichen Stimmung in tiefe Verzweiflung oder lautstarken Zorn wechseln und diese Erfahrung ist manchmal sogar physisch schmerzhaft. In ihren schlimmsten Ausprägungen können diese unverhältnismäßigen Reaktionen Stimmungsstörungen ähneln. Menschen mit einer Borderline-Persönlichkeitsstörung zeigen oft vergleichbare Reaktionen.

[5] Abk. RSD, deutsch: Zurückweisungsempfindlichkeit

Diese intensiven Emotionen erschweren klares Denken sowie Kommunizieren und können ungesunde Bewältigungsmechanismen wie Bindungsvermeidung, Substanzmissbrauch und Selbstverletzung hervorrufen.

RSD ist bereits für Menschen, die allein oder in monogamen Beziehungen leben, schwierig genug, aber sie stellt in polyamoren Beziehungen zusätzliche Herausforderungen dar. Polyamorie bleibt vorerst außerhalb der Norm und monogame Menschen neigen selten dazu, ihre Meinungen darüber oder über Menschen, die Polyamorie praktizieren, für sich zu behalten.

Menschen mit RSD werden oft zu People Pleaser*innen, stellen die Zustimmung anderer über ihre eigenen Wünsche und haben Schwierigkeiten damit, gegen den Strom zu schwimmen. Zusätzlich bedeutet die Suche nach mehreren Partner*innen zwangsläufig, dass wir mehr Ablehnung erfahren als eine Person, die nur eine*n Partner*in sucht.

Neben der Notwendigkeit, jede*n auszusortieren, für die*den unser polyamorer Status ein Ausschlusskriterium ist, könnten wir auch nach dem Finden der ersten Beziehungsperson weiter suchen, was zusätzliche Gelegenheiten schafft, zurückgewiesen zu werden. Ablehnung ist für jede*n schwierig, aber wenn es sich anfühlt, als würden wir als völlig wertlos bewertet werden, wird es zu einer besonders unangenehmen Erfahrung.

> Eifersucht ist eine weitere besonders quälende Emotion im Kontext der RSD. Was für andere eine beherrschbare negative Emotion sein kann, wird zu einer überwältigenden Flut, die die Betroffenen davon überzeugt, dass ihr*e Partner*in sie bereits verlassen hat und alles weitere nur eine Formalität ist.

Wenn jede vorübergehende Unzufriedenheit auf diese Weise aufgebauscht wird, ist es schwer möglich, dass sich eine Beziehung stabil, sicher und gesund anfühlt, und jede Erfahrung von Zustimmung und Respekt kann flüchtig und schwer zu bewahren sein.

Innerhalb von Beziehungen kann die RSD es schwierig machen, Gespräche über herausfordernde Themen zu führen. Wenn das Verhalten einer Person bei der anderen Unbehagen auslöst, kann die RSD diese Auswirkungen verstärken, unabhängig davon, wessen Verhalten thematisiert wird. Dies kann dazu führen, dass sich Menschen voneinander zurückziehen, Schwierigkeiten verbergen, die besser angegangen werden sollten, und auf Eierschalen gehen, um einen Zusammenstoß zu verhindern.

Klare und präzise Kommunikation ist das Fundament jeder erfolgreichen Beziehung, insbesondere einer, die gesellschaftlichen Normen entgegensteht. Daher ist es wichtig, dass Menschen, die mit RSD zu kämpfen haben, sich dessen bewusst sind und Werkzeuge zur Bewältigung haben.

Die Fähigkeit, zum einen zu erkennen, wann unsere Emotionen intensiver sind, als eine Situation es rechtfertigt, und zum anderen die Diskrepanz zwischen unserer Interpretation und der Realität einer Situation zu überwinden, kann den Unterschied ausmachen zwischen dem Gefühl einer erfolgreichen Polyamorie und dem, dass sie niemals funktionieren könne.

RSD ist eine neurologische, genetische Verfassung, die Teil von ADHS und anderen Formen der Neurodivergenz ist. Es gibt keine Heilung dafür, aber mit ihr kann umgegangen werden. Es gibt viele Ansätze zur Bewältigung der RSD und einer oder alle der folgenden können hilfreich sein, um sie in den Griff zu bekommen:

„Daher ist es wichtig, dass Menschen, die mit RSD zu kämpfen haben, sich dessen bewusst sind und Werkzeuge zur Bewältigung haben.“

Bestätige deinen Wert

Auch wenn die Dinge unangenehm oder düster aussehen, bist du immer noch das wertvolle Individuum voller wunderbarer Möglichkeiten wie zuvor. Du wärst nicht bis dahin gekommen, wo du jetzt bist, wenn du wirklich so wenig wert wärst, wie es deine RSD behauptet. Finde für dich bedeutsame Aussagen, die du verwenden kannst, um die falschen Botschaften deiner Dysphorie zu übertönen. „Ich darf Fehler machen“ und „Ich bin stärker, als ich denke” sind gute Ausgangspunkte.

Emotionen sind, was sie sind

Emotionen sind an sich weder gut noch schlecht; sie sind einfach da. Im besten Fall liefern Emotionen Informationen darüber, wie Situationen uns beeinflussen, Informationen, die unser Handeln lenken können. Dies gilt selbst dann, wenn diese Emotionen weit intensiver erscheinen, als sie sein sollten. Übe Achtsamkeit, damit du sie genau benennen kannst, fühle sie an für dich sicheren Orten und teile sie mit nahestehenden Personen, damit sie dir dabei helfen können, diese Emotionen zu verarbeiten.

Wähle verständisvolle Partner*innen

Es ist entscheidend, dass nahestehende Personen, insbesondere deine Partner*innen, wissen, dass du mit RSD zu kämpfen hast. Deine Lieben können nicht angemessen auf deine Situation reagieren, wenn sie sie nicht verstehen. Menschen, die mitfühlend auf deine Schwierigkeiten reagieren können, sind von unschätzbarem Wert für dich.

Nimm dir Zeit zum Verarbeiten

RSD ist im Grunde genommen ein Fehler in der Perspektive. Deine emotionalen Zentren behandeln relativ kleine Herausforderungen als wären sie enorme Ereignisse. Du hast die Möglichkeit, tief durchzuatmen und darauf zu bestehen, dir Zeit zu nehmen und die Dinge zu verarbeiten, die sich so belastend anfühlen. Diese Zeit kann etwas Abstand zwischen dich und diese starken Emotionen bringen und es dir ermöglichen, sie genauer zu verarbeiten. Mit genügend Zeit, um dich von dem unmittelbaren Schmerz einer Zurückweisung zu entfernen, kannst du im Prinzip Teile deiner RSD einfach aussitzen. Geduld ist schützend.

Stell dich deinen Ängsten

Eine Möglichkeit, dem Katastrophendenken der RSD entgegenzuwirken, besteht darin, dir selbst zu beweisen, dass die Situation nicht so schlimm ist, wie sie aussieht. Indem du dich deinen Ängsten stellst, erhältst du direkte, persönliche Beweise dafür, dass sie nicht so schrecklich sind, wie sie anfangs schienen. Diese Erkenntnis kannst du dann nutzen, um dir vor Augen zu halten, dass ähnliche zukünftige Situationen ebenfalls nicht so schlimm sind, wie sie scheinen.

Suche professionelle Unterstützung

RSD reagiert auf bestimmte Medikamente und gesprächstherapeutische Methoden. Mit der Unterstützung einer Fachkraft für psychische Gesundheit, die in der Anwendung dieser Werkzeuge geschult ist, kannst du ihre Auswirkungen auf dein Leben reduzieren.

ALEXITHYMIE

Viele Menschen mit neurodivergenten Eigenschaften haben Schwierigkeiten, ihre Emotionen zu benennen. Das bedeutet jedoch nicht, dass wir keine Emotionen empfinden, obwohl unsere Erfahrungen und Reaktionen oft stark von den Erwartungen neurotypischer Menschen abweichen.

Für einige neurodivergente Menschen kann es herausfordernd sein, Ereignisse mit physiologischen Reaktionen und diese Reaktionen mit spezifischen, benannten Emotionen in Verbindung zu bringen. Dieses Phänomen wird als Alexithymie bezeichnet. Der Begriff stammt aus dem Griechischen und beschreibt das Fehlen von Worten für unsere Emotionen. In Beziehungen stellt dies einige bedeutende Herausforderungen dar.

Alle Beziehungen sind besser, wenn eine Person ihre Emotionen gut genug versteht, um sie benennen zu können, aber dies gilt besonders für polyamore Beziehungen. Polyamore Beziehungen führen zu ungewöhnlichen Situationen, die sorgfältige Verarbeitung und Gespräche erfordern.

> Es braucht ein gewisses Verständnis unserer eigenen Muster und Bedürfnisse, um angemessen mit aufkommenden Gefühlen umzugehen, wenn zum Beispiel ein*e andere*r Partner*in unserer Beziehungsperson zum Abendessen zu Besuch kommt, während wir über die Planung von Dates mit anderen Personen sprechen oder wenn wir darüber nachdenken, warum es sich nicht gut anfühlt, wenn unser*e Partner*in seine*ihre neue*n Geliebte*n in das Restaurant mitnimmt, das wir beide früher gerne besucht haben, in dem wir aber schon lange nicht mehr waren.

Alexithymie kann bedeuten, dass die meisten negativen Emotionen zu einer angsterfüllten Mischung verschwimmen oder dass Wut, Aufregung und Angst schwer zu unterscheiden sind, weil sie alle mit einer erhöhten Herzfrequenz einhergehen. Äußere Anzeichen von Gefühlen, wie Gesichtsausdrücke, können ähnlich gemischt sein und die Fähigkeit anderer einschränken, unsere Emotionen zu erkennen sowie diese Informationen zu verarbeiten.

Alexithymie begrenzt unsere Möglichkeit, effektiv für unsere emotionalen Bedürfnisse einzutreten. Um zu verstehen, was unsere Emotionen auslöst, was sie verursacht und wie wir sie effektiv und gerecht angehen können, ist es wichtig, die Gefühle, die wir erleben, zu erkennen. Die Bewältigung von Alexithymie ist ein Prozess der Bewusstseinsentwicklung und es gibt mehrere praktische Ansätze, die hilfreich sein können:

Lies Literatur

Erzählungen wie Romane und Kurzgeschichten zeigen oft Figuren, die Emotionen in einem Kontext, der klar beschrieben wird, erleben. Aus diesem Grund spielen Geschichten eine wichtige Rolle dabei, wie Menschen sich zueinander, zur Welt und zur Gesellschaft verhalten. Das Eintauchen in Geschichten kann dazu beitragen, ein umfassenderes Bewusstsein dafür zu entwickeln, wie Emotionen aussehen, sich anfühlen und welche Situationen in der Regel welche Gefühle hervorrufen. Dies kann helfen, die Lücken in einem alexithymischen Gedächtnis zu schließen.

Zähle deine Herzschläge

Es gibt einige klinische Hinweise darauf, dass das genaue Zählen der eigenen Herzschläge sowohl in ruhigen als auch in aufgeregten Situationen Angst reduzieren und das Bewusstsein für die eigenen Emotionen verbessern kann.

Werde kreativ

Das Ausüben eines kreativen Hobbys wie Schreiben, Malen oder Komponieren kann dazu beitragen, das emotionale Bewusstsein zu stärken. Diese Hobbys basieren oft auf dem Ausdruck von Emotionen und trainieren in ihrer Ausübung das Bewusstsein für diese.

Führe ein Tagebuch

Selbst wenn du kein Interesse daran hast, Autor*in zu werden, kann das Schreiben über deine täglichen Erfahrungen dazu beitragen, Emotionen zu verarbeiten, die derzeit schwer zu benennen sind, und deine Fähigkeit, sie zu erkennen, weiterentwickeln. Es ist wichtig, dass das Tagebuch mehr als nur eine Aufzählung der Ereignisse des Tages ist. Versuche auch, über die emotionalen Aspekte, die du erfährst, nachzudenken.

Alexithymie ist ein genetisch und neurologisch bedingter Zustand, der Teil des neurodivergenten Spektrums sein kann. Die Bewältigung der damit verbundenen Herausforderungen beginnt mit dem Bewusstsein für ihre Auswirkungen auf dein Leben. Wenn damit angemessen umgegangen wird, muss die Alexithymie kein Hindernis für ein erfülltes polyamores Leben sein.

NEUE *REGELN*, NEUE *GRENZEN*

Viele neurodivergente Menschen gedeihen in Umgebungen mit klaren Grenzen, offensichtlichen Regeln und bindenden Unterscheidungen zwischen verschiedenen Konzepten. Obwohl nur wenige Dinge in dieser Welt tatsächlich in solche Kategorien passen, dienen sie uns als Orientierungspunkte, um den Rest zu steuern. Für diese Art des Denkens können die starren Normen der Monogamie beruhigend sein. Bestimmtes Verhalten außerhalb einer einzigen romantischen oder sexuellen Beziehung zu verbieten, macht die Unterscheidung zwischen verschiedenen Arten von Beziehungen deutlich und leicht erkennbar. Dies kann es uns ermöglichen, all diese Beziehungen einfacher zu lenken.

In einem Bereich, der potenziell variabel und unberechenbar ist - wie menschliche Beziehungen - kann diese Art von Stabilität für uns sehr wichtig sein, auch wenn wir nicht unbedingt alle Einschränkungen für vernünftig halten.

Polyamorie fordert uns auf, diese starren Muster zu durchbrechen. Was wäre, wenn das Eingehen einer Verbindung außerhalb unserer bestehenden intimen Beziehung nicht automatisch das Scheitern dieser Beziehung bedeuten würde? Was wäre, wenn romantische Handlungen nicht auf ein einzelnes Paar beschränkt wären? Was wäre, wenn Eifersucht nicht automatisch bedeuten würde, dass unser*e Partner*in etwas falsch gemacht hat? Diese Fragen rütteln an den Grundfesten der Monogamie, zwingen uns, ihren Zweck und Wert zu hinterfragen und lassen uns normalerweise feststellen, dass sie unzureichend sind. Der Verlust an Struktur, der daraus resultiert, kann für diejenigen von uns beängstigend sein, die sich auf diese alten, starren Definitionen verlassen haben, um Stabilität in unserer Welt zu finden.

> Besonders schwierig kann es für uns sein, mit dem Verlust der klaren Unterscheidung zwischen romantischen oder sexuellen Partner*innen und Freund*innen umzugehen. In einer monogamen Welt werden viele Formen von Zuneigung und Fürsorge zwischen Freund*innen stigmatisiert oder als Teil der Definition einer exklusiven Partner*innenschaft ausgeschlossen.

Wenn wir jedoch das Gefühl haben, dass solche Handlungen keine Bedrohung für unsere romantische Beziehung darstellen, was hindert uns dann daran, die einfache Wärme zu genießen, es sich im Arm einer Freundin bei einem Film gemütlich zu machen oder unseren Freund*innen zu sagen, dass wir sie lieben? Wenn wir solche Handlungen ausführen, was unterscheidet dann unsere romantischen Beziehungen von anderen?

Ein ähnlicher Fall ergibt sich, wenn klare monogame Grenzen wie 'Betrug' in der Polyamorie nicht mehr die gleiche Bedeutung haben. Was bestimmt dann, wann eine Beziehung enden sollte? Wie viel Reparaturbedarf sollte eine Beziehung haben, bevor es besser ist, sie aufzugeben? Wie finden wir heraus, dass wir als Freund*innen möglicherweise besser funktionieren, wenn die Aktivitäten unter Freund*innen immer mehr denen ähneln, die früher nur für romantische oder sexuelle Verbindungen reserviert waren?

Die wichtige Lektion hier ist, dass die Neubewertung von Regeln nicht nur ein Verlust ist - sie ist auch ein Gewinn. Mit dem Verwerfen alter Definitionen und Ideen geht die Entstehung von neuen einher.

Der Sinn dieser ganzen Übung besteht in der Freiheit, unseren Herzen zu folgen, wohin sie uns auch führen mögen, und unsere Realitäten offen und ehrlich miteinander zu verhandeln. Dies kann bedeuten, unsere romantischen und sexuellen Verbindungen auf neue Weise zu definieren, wie zum Beispiel:

- Meine Partner*innen sind die Personen, für die ich regelmäßig Geschenke zu Feiertagen kaufe.

- Meine Partner*innen sind die Personen, bei denen es mir wichtig ist, ihre Familien kennenzulernen.

- Es gibt bestimmte Aktivitäten, die ich nur mit meinen Partner*innen oder bestimmten Partner*innen teile, wie zum Beispiel das erste Anschauen einer Show oder eines Films, den sie mögen.

- Meine Partner*innen sind die Personen, mit denen ich Kosenamen verwende.

- Meine Partner*innen sind die ersten Personen, die ich um Hilfe bitte, wenn es um Herausforderungen in meinem Leben geht, wie Umzug, Jobverlust oder Genesung von einer Krankheit; und ich bin eine der ersten Personen, die sie um Hilfe bitten.

- Meine Partner*innen sind die Personen, die mir bei meinen tiefsten emotionalen Schwierigkeiten helfen, die ich möglicherweise nicht einmal mit meinen engen Freund*innen teile.

- Meine Partner*innen sind die Personen, mit denen ich gemeinsame Jahrestage feiere.

Der Verlust der Stabilität konventioneller Definitionen muss nicht destabilisierend sein. Es ist eine Gelegenheit, die Regeln, nach denen wir leben, das widerspiegeln zu lassen, was uns wirklich wichtig ist.

DIE HÖLLE - DAS SIND DIE *ANDEREN*

In Anlehnung an einen der bekanntesten Aphorismen Jean-Paul Sartres beschreibt diese Aussage oft, wie sich neurodivergente Menschen in Bezug auf die Mainstream-Gesellschaft, Partys, Dating oder jede andere Situation fühlen, in der von uns erwartet wird, mit einer großen Anzahl von neurotypischen Menschen zu interagieren. Es gibt viele Gründe für diese Reaktion.

Die Mainstream-Gesellschaft ist oft nicht freundlich zu Menschen, die sie als seltsam oder normabweichend einstuft, und neurodivergentes Verhalten wird oft zum Ziel von Witzen in den Unterhaltungsmedien. Auch polyamore Räume sind von diesem Muster nicht ausgenommen und es ist nie angenehm, damit umzugehen. Neurotypische Menschen ordnen neurodivergente Menschen häufig einem Stereotyp im Dating-Bereich zu, was für alle Beteiligten unangenehm sein kann.

„Die *Mainstream-Gesellschaft* ist oft nicht freundlich zu Menschen, die sie als seltsam oder normabweichend einstuft."

Die Manic Pixie Dream Girls

Der Manic Pixie Dream Girl-Archetyp aus dem Film beschreibt eine junge, attraktive Frau, deren ungewöhnlicher Verstand, freier Geist und jugendliche Naivität sie zu einem Gegenüber für einen ruhigen, meist neurotypischen Mann machen. Ihre Rolle besteht darin, ihn aus seinem langweiligen Leben herauszuholen und in reizende Abenteuer und wilde Sexerlebnisse zu führen, während sie scheinbar nichts im Gegenzug erwartet.

Einige Menschen erwarten, dass ihre neurodivergenten Partner*innen sich im echten Leben genauso verhalten, was weder für die eine noch für die andere Person fair ist. Dieser Archetyp frustriert, weil Menschen, die erwarten, dass ihre Partner*innen so sind, dazu neigen, nicht angemessen zu reagieren, wenn sich herausstellt, dass diese Partner*innen gewöhnliche menschliche Bedürfnisse oder Ambitionen haben – oder anderweitig außerhalb der Aufgabe, dem Leben eines anderen Menschen Wunderlichkeit zu verleihen, existieren.

Obwohl es das Konzept des 'manic pixie dream boys' gibt, ist dieser Archetyp in der Praxis stark geschlechtsgebunden und es ist viel seltener, dass neurodivergente Männer so wahrgenommen werden. Paare, die 'eine*n Dritte*n suchen', haben manchmal die schlechte Angewohnheit, eine*n Partner*in zu priorisieren, die*der diesem Archetypen entspricht. Es kann für eine neurodivergente Person ungesund sein, in dem daraus resultierenden Drama zu leben.

Die Roboter

Ein weiteres Stereotyp, das auf neurodivergente Menschen angewendet wird, insbesondere auf autistische Menschen, besagt, dass wir so kalt, roboterhaft und von unseren spezifischen Interessen besessen seien, dass wir keine menschliche Wärme in einer Beziehung geben könnten. Dieses Stereotyp ist auf mehreren Ebenen schädlich und lässt sich nicht angemessen in einem einzigen Absatz darlegen.

Es kann dazu führen, dass Menschen unsere Logik als fremd und für andere nicht wertvoll abtun. Es kann dazu führen, dass Menschen unsere emotionalen Ausdrücke erst dann anerkennen, wenn sie eine neurotypisch-akzeptierte Intensität erreichen.

Es kann dazu führen, dass manche Menschen unseren polyamoren Status vollständig ablehnen, weil „eine Person, die so reptilienhaft und unmenschlich ist, das natürlich für akzeptabel hält“. Wir können als zu gefühllos wahrgenommen werden, um etwas anderes als ein lockerer Flirt zu sein, als zu leidenschaftslos für lockere Flirts oder als ungeeignet, überhaupt in der Nähe anderer Menschen zu sein – alles basierend auf unserer Neurodivergenz. Es ist eine der entmenschlichendsten Arten, wie andere Menschen uns behandeln können.

Die Schrecken

Einige Menschen haben Angst vor uns. Einige Menschen hören den Namen unserer Neurodivergenz und greifen sofort auf erschreckende Berichte über zwischenmenschlichen Missbrauch zurück. Sie stellen sich neurodivergente Menschen im Allgemeinen oder Menschen mit bestimmten diagnostizierten Störungen als explosive Pulverfässer oder berechnende Manipulator*innen vor, die ihre Partner*innen mit widersprüchlichen Stimmungen in den Wahnsinn treiben oder unerbittlich gaslighten.

> Oft stellen sich Menschen eine Person vor, die absolut unflexibel in Bezug auf alles ist, was sie für wichtig halten, oder die nicht bereit ist, die Bedürfnisse anderer zu berücksichtigen. Eine neurodivergente Person könnte zu einer oder allen dieser Beschreibungen passen und ihre Neurodivergenz dazu beitragen, wie sie diese Merkmale zeigt.

Aber neurodivergent zu sein, bringt eine Person nicht dazu, diese Dinge zu tun oder so zu sein. Missbräuchliche, manipulative, explosive und rücksichtslose Menschen gibt es in allen Neurotypen, einschließlich unter den neurotypischen Menschen, und die Hartnäckigkeit, mit der die neurotypische Mehrheit uns diese Merkmale zuschreibt, führt zu einem besonders verletzenden Stereotyp.

Alle Formen von Neurodivergenz können auf diese ungerechte Weise charakterisiert werden, aber Menschen mit einer Borderline-Persönlichkeitsstörung erfahren diese Behandlung besonders häufig. Die Borderline-Persönlichkeitsstörung ist gekennzeichnet durch schnelle und extreme Stimmungsschwankungen, eine starke Angst vorm Verlassenwerden, ein instabiles Selbstbild und paranoide Episoden; all das ist ohne Unterstützung oder Behandlung im Bereich der psychischen Gesundheit viel dramatischer.

Es ist nicht unbegründet, dass eine Erkrankung mit einem solchen Muster in der allgemeinen Vorstellung mit verletzendem oder missbräuchlichem Verhalten in Verbindung gebracht wird. Jedoch ist es nicht selbstverständlich, dass ein Mensch mit dieser Erkrankung zwangsläufig eine missbräuchliche oder anderweitig ungesunde Beziehungsperson sein wird.

> Tatsächlich wird bei genauer Betrachtung dieser Liste von Symptomen deutlich, dass sie eine Person auch selbst besonders anfällig für Missbrauch machen. Menschen mit einer Borderline-Persönlichkeitsstörung sind möglicherweise mehr als andere Typen von neurodivergenten Menschen anfällig für Gaslighting, Traumabonding und verschiedene andere Formen emotionalen Missbrauchs, gerade aufgrund der Symptome, die der Mainstream ihnen zuschreibt und sie zu Täter*innen macht.

Die Angst vor dem Verlassenwerden kann dazu führen, dass eine Person zu stark an ihrem*r Partner*in festhält, aber sie kann auch dazu führen, dass sie überhaupt keine enge Bindung eingeht oder gefährlichen Forderungen nachkommt, wenn dies bedeutet, dass die Beziehungsperson bleibt. Die Borderline-Persönlichkeitsstörung mag das dramatischste Beispiel sein, aber das allgemeine Muster gilt für verschiedene Formen der Neurodivergenz. Die neurotypische Mehrheit fürchtet das, was sie nicht versteht, und behandelt uns alle wie Schrecken, anstatt missbräuchliches Verhalten als solches anzuerkennen.

Die Ironie besteht darin, dass die meisten neurodivergenten Menschen es gewohnt sind, sich anzupassen, um die Erwartungen anderer zu erfüllen, und es als anstrengend und manchmal ungewohnt empfinden, für sich selbst einzustehen. Dies führt dazu, dass wir statistisch gesehen überproportional unter Missbrauchsopfern vertreten sind, während der Mainstream uns beschuldigt, natürliche Täter*innen zu sein.

Die Weirdos[6]

Wenn alles andere nicht passt, haben neurotypische Menschen die Gewohnheit, zu denken, dass wir einfach weird seien, und steigern ihre Verwirrung über uns zu Unbehagen, Angst, Feindseligkeit oder Ekel. Diese Reaktion tritt oft lange bevor wir unsere Neurodivergenz benennen auf. Für viele von uns ist dies das Hintergrundrauschen unseres Lebens und wird kaum noch wahrgenommen.

Dies macht das Dating sehr frustrierend. Menschen, die uns auf diese Weise wahrnehmen, reagieren besonders unpassend auf jeden erbetenen Gefallen, wie zum Beispiel eine Bitte nach gedimmten Lichtern oder deutlicherer Sprache.

Die Frustration über die Erwartungen anderer ist nicht leicht zu überwinden. Menschen bringen in zwischenmenschliche Interaktionen das hinein, was sie nun einmal mitbringen; und manchmal beinhaltet dies falsche oder veraltete Vorstellungen darüber, was es bedeutet, neurodivergent zu sein. Die meisten von diesen Vorstellungen können aufgeklärt werden, aber es liegt nicht in der Verantwortung der einzelnen neurodivergenten Person, die in eine unangenehme Interaktion gedrängt wird, diese Aufklärung durchzuführen. Diese Situation hat keine einfache Lösung. Letztendlich können wir uns nur auf unsere Fähigkeit verlassen, für unsere Bedürfnisse einzutreten, unangenehme Situationen zu erkennen, bevor sie zu schwierig werden, um ihnen zu entkommen, und zu akzeptieren, dass andere Menschen uns manchmal nicht mögen.

[6] **Anmerkung der Übersetzer*innen:** Hier ist entschieden worden, die englische Version aus dem Original beizubehalten, weil in den deutschen Übersetzungen das Gemeinte der Autorin nicht richtig wiedergegeben werden kann. Siehe dazu auch die Anmerkung zu 'weird'.

Fazit

Die neurotypische Mehrheitsgesellschaft hat selten etwas Nettes über uns zu sagen. Zu oft betrachtet sie uns als Abweichungen und Fehler, die korrigiert und geheilt werden müssen – und schlimmeres. Unsere Eigenart ist etwas, das sie nicht akzeptieren können oder wollen, und die meisten von uns haben Erinnerungen an Mobbing in der Kindheit oder Intoleranz im Erwachsenenalter, um diese Realität zu belegen.

Laut dem autistischen Witz, wurden wir 'auf dem falschen Planeten geboren' und in eine Welt geworfen, die an ihre eigenen Vorstellungen von 'Normalität' festhält und oft nicht bereit zu sein scheint, Platz für diejenigen zu schaffen, die nicht in dieses Bild passen. Und Raumfahrt ist ein ferner Traum.

Aber was wir sind, ist zusammen so viel schöner als diese hasserfüllte Einschätzung vermuten lässt. Wir halten der neurotypischen Masse den Spiegel vor und fordern sie heraus, sich selbst anzuschauen. Es ist selten, dass der Mainstream unsere Einsichten über das Seltsame, das er als normal bezeichnet, oder über die Normalität, die er als seltsam bezeichnet, akzeptiert. Das Schöne an unserem Denken ist, dass wir diese Realität erkennen, auch wenn andere sie ablehnen. Wir sind anders gestrickt.

Unsere Reaktionen auf verschiedene Situationen sind unterschiedlich, unsere Bedürfnisse sind anders, unser Lernen ist anders und vieles mehr – und in unserer Andersheit liegt Schönheit. Unsere bloße Existenz (neuro)diversifiziert unsere Welt und bereichert sie, bringt Wunder und Aufregung in die Landschaft des menschlichen Geistes. Unsere Unterschiede machen uns aus und wer wir sind, ist erstaunlich. Warum sollten Menschen nicht mit uns ausgehen wollen? Warum sollten nicht viele Menschen mit uns ausgehen wollen?

Zu oft hat der Mainstream versucht, uns zu überzeugen, dass es keinen Platz für uns in menschlichen Angelegenheiten gibt, und die Nicht-Monogamie bildet da keine Ausnahme. Alles was uns ungewöhnlich und interessant macht, wird zu etwas umgedeutet, was uns in ihren Augen verwirrend und nicht liebenswert macht. Das ist der Punkt, an dem sie sich irren.

„Warum sollten Menschen nicht mit uns ausgehen wollen?"

Polyamorie gehört nicht nur keinem bestimmten Neurotyp an, sondern kann für uns ein besser geeignetes Beziehungsmodell sein als für viele von ihnen. Denn gerade die Dinge, die uns so einzigartig machen, können uns ermöglichen: Viele von uns haben Eigenschaften, ausgehend von dem Bedürfnis nach sinnvollen Regeln sowie einer starken Unabhängigkeit bis hin zu ungewöhnlichem Flirtverhalten, die uns für diese Bindungsform geeignet machen; und viele von uns sind in nicht-monogamen Beziehungen viel glücklicher als wir es jemals auf der Suche nach einer*m Seelenverwandten waren, die*der mit uns auf der Beziehungsrolltreppe fährt.

Es ist kein einfacher Weg, obwohl wir ihn weit mehr genießen können als die Alternative. Unsere Möglichkeiten kommen nur im Paket mit den Herausforderungen und die Freuden, die uns die Polyamorie bietet, gehen mit Hürden einher, mit denen wir uns auseinandersetzen und die wir bewältigen müssen.

> Polyamorie bedeutet, Regeln zu dekonstruieren, die vielleicht bequeme Abgrenzungen zwischen ansonsten unscharfen Strukturen waren, sich mit mehr Intoleranz auseinanderzusetzen, als man es sonst vielleicht getan hätte, sich mit neuen und ungewohnten Gefühlskombinationen zu beschäftigen und die intensive Unannehmlichkeit der RSD zu spüren.

Um dieses Leben voll auszuschöpfen, müssen wir Wege finden, die Herausforderungen zu bewältigen und zu überwinden, wie auch immer das für jede*n Einzelne*n aussieht. Die meisten dieser Werkzeuge sind auch für Menschen hilfreich, die mit einer einzigen intimen Beziehung zufrieden sind, denn sie fördern das, was so viele Leben dringend brauchen: eine tiefe innere Erkenntnis und bewusste Lebensentscheidungen.

In einer gerechten Welt würde der Spiegel, den wir der Mehrheitsgesellschaft vorhalten, sie dazu bringen, sich selbst mit derselben Intensität zu überprüfen. Die zerstörerische Kraft der Eifersucht würde anerkannt und ernst genommen werden, anstatt sie als niedliches kleines Zwischenspiel oder als Zeichen für die 'Echtheit' der Liebe von einer Person zu betrachten. Regeln würden explizit und mit allen notwendigen Details kommuniziert werden.

Die Grenzen von Beziehungen würden keiner Kontrolle bedürfen, weil sie einfach sein dürften, was sie sind. Menschen würden einfach sagen, was sie füreinander empfinden, anstatt über Andeutungen und Geflüster zu kommunizieren. Und um kurz außerhalb der Beziehungssphäre zu schauen: keine*r von uns würde durch die anti-neurodivergente Hölle geschickt werden, die Vorstellungsgespräche für uns bedeuten.

Wir werden diese Welt nie erreichen, aber wir können ein Abbild davon in unseren Beziehungen aufbauen; und das könnte vielleicht das Schönste sein, was wir als neurodivergente Menschen jemals tun werden, sei es füreinander oder an der Seite von neurotypischen Freund*innen, Partner*innen und faszinierenden Baristas, die dieses eine Mal zurückgeflirtet haben.

> Neurodivergenz und Nicht-Monogamie gehören zusammen wie Autismus und Sammeln, wie ADHS und Ausschlafen, wie Borderline und leidenschaftliches und tiefes Lieben: keine Person kann dies besser verstehen als wir, auch wenn es nicht immer einfach ist. Mit dem Bewusstsein für unsere spezifischen Herausforderungen und Fähigkeiten kann keine Version von Neurodivergenz oder Neurotypizität ein Hindernis für eine lebendige und erfüllende Erfahrung von Polyamorie sein.

Viel Glück!

Glossar

Alexythemie:
Phänomen, bei dem Menschen Schwierigkeiten haben, ihre Emotionen zu benennen und zu verstehen. Dies kann in Beziehungen, insbesondere in polyamoren, zu Herausforderungen führen, da es die Fähigkeit einschränkt, angemessen mit aufkommenden Gefühlen umzugehen und für emotionale Bedürfnisse einzutreten.

Beziehungsrolltreppe:
Ein Beziehungsmuster, das in monogamen Beziehungen vorkommt, in dem von den Beteiligten erwartet wird, dass sie immer mehr von ihrem Leben vermischen, oft durch Schritte wie Zusammenleben, gemeinsame Finanzen, Heiraten und gemeinsame Kindererziehung. Obwohl die Reihenfolge der Schritte oft variiert, ist ein entscheidendes Merkmal der Rolltreppe die Erwartung von mehr Stufen. Die Betrachtung des Widerstands gegen solche wird als ein Zeichen von Unreife oder mangelndem Engagement in der Beziehung angesehen.

Community:
Ein Zusammenschluss/ eine Gemeinschaft von Menschen, die für ein gemeinsames Ziel kämpfen oder durch bestimmte Merkmale dieser Community zugeordnet werden. Oft wird der Begriff im Zusammenhang mit marginalisierten Gruppen verwendet, die sich für ihre Rechte einsetzen.

Gaslighten:
Es handelt sich hierbei um eine Art der Manipulation. Eine Person bringt einen anderen Menschen gezielt dazu, der eigenen Wahrnehmung nicht zu trauen. Dies geschieht durch Lügen und Verdrehungen und ist eine Form psychischer Gewalt.

Monogamist*in:
Menschen, die sich der Monogamie als sozialer Institution zugehörig fühlen, insbesondere den Ideen, die der Monogamie zugrunde liegen und zu ihrer Erhaltung als sozialer Institution beitragen.

Monogamie:
Ein Beziehungsmodell mit zwei Beteiligten, die auf diese eine romantische und/oder sexuelle Beziehung beschränkt sind und bei denen der Wunsch nach einer außerpartnerschaftlichen Beziehung oder die Aufnahme einer solchen typischerweise als Verstoß gegen die Bedingungen der Beziehung und als Grund angesehen wird, deren Zukunft in Frage zu stellen. **Als Adjektiv: monogam.**

Neurodivergenz:
Der Zustand einer geistigen oder kognitiven Abweichung von der Norm, wie z. B. Autismus oder Legasthenie. **Als Adjektiv: neurodivergent.**

Neurodivers:
Eine Beschreibung für eine Gruppe oder Umgebung mit mehreren unterschiedlichen Neurotypen. Analog zu 'ethnisch divers'.

Neurodiversität:
Eine Bewegung und Anschauung, die anerkennt, dass nicht alle Gehirne gleich denken oder fühlen und diese Unterschiede natürliche Variationen des Menschseins sind. Analog zur 'ethnischer Vielfalt'.

Neurotyp:
Eine spezifische psychische Variation, wie Autismus oder ADHS, mit definierbaren Merkmalen und Mustern.

Neurotypisch:
Mit typischen intellektuellen, mentalen und kognitiven Funktionen. Oft auf taktlose und ungenaue Weise als 'normal' bezeichnet. Gegenteil von neurodivergent. **Als Substantiv: Neurotypizität.**

Nicht-Monogamie:
Ein Beziehungsmuster, bei dem kein*e Teilnehmer*in auf eine einzige sexuelle und/oder romantische Beziehung beschränkt ist und jede*r Beteiligte mehr als eine solche Beziehung mit dem Bewusstsein und der Zustimmung aller Teilnehmer*innen führen kann. Hier wird es auch als Synonym für Polyamorie verwendet. Gegenteil von Monogamie. **Als Adjektiv: nicht-monogam.**

People Pleaser*in:
Menschen, die ein großes Bedürfnis nach Anerkennung haben und daher versuchen, es anderen Recht zu machen. Dabei nehmen sie auf die eigenen Bedürfnisse eher weniger Rücksicht und priorisieren die der anderen.

Rejection Sensitive Dysphoria (RSD):
Ein Begriff, der verwendet wird, um eine extreme Empfindlichkeit gegenüber Ablehnung oder Kritik zu beschreiben. Es handelt sich um eine emotionale Reaktion, die bei manchen neurodivergenten Menschen oder Menschen mit psychischen Erkrankungen auftreten kann. Menschen mit RSD können sehr empfindlich auf negative soziale Interaktionen reagieren und starke Angst, Scham oder Traurigkeit erleben. Diese Reaktionen können zu einer Vermeidung von zwischenmenschlichen Beziehungen oder zu einem geringen Selbstwertgefühl führen. Menschen mit RSD können durch Unterstützung und angemessene Behandlung ihre Lebensqualität verbessern.

Traumabonding:
Auch Traumabindung genannt. Es handelt sich dabei um Bindungen, die aus einem wiederkehrenden zyklischen Muster von Missbrauch entstehen. Sie werden oft durch Belohnungen und Bestrafung aufrechterhalten. Solche Bindungen treten in den verschiedensten Beziehungskonstellationen auf und sind oft von einem Machtungleichgewicht geprägt.

Alyssa Gonzalez ist Doktorin der Biologie, Rednerin und Autorin. Sie schreibt auf ihrem Blog, *The Perfumed Void*, ausgiebig über Biologie, Geschichte, Soziologie und ihre Erfahrungen als autistische, ex-katholische, nach Kanada emigrierte hispanische Transfrau.

Sie schreibt auch Fiktives zu Themen wie sozialer Isolation, Autismus, Gender, Trauma und den Beziehungen zwischen all diesen Faktoren. Sie lebt in Ottawa, Kanada, mit einer ganzen Menagerie von Haustieren.

"The design of this book was meticulously thought out to encapsulate the essence of 'Neurodiversität und Nicht-Monogamie' by Alyssa Gonzalez. It intends to translate the complexities and diversities inherent in nonmonogamous relationships and neurodiverse experiences. The discussions brought in the book enabled the possibilty of creative-thinking, and challenging the boundaries of traditional book design and embrace dynamism as integral components of the visual narrative.

The participation of a multidisciplinary team was essential for the achieved visual result. The insights, feedback, and support allowed the exploration of innovative layouts, and interactive elements that capture the vibrancy and fluidity of the themes. To the readers who will engage with the book, it is anticipated that these pages will inspire curiosity, provoke contemplation, and promote a deeper understanding of diverse experiences portrayed within. Finally, this book aims to stand as a demonstration to the transformative power of design to transcend words and illuminate the complexities of the human experience."[7]

– Marcele Rimoli

[7]**Deutsche Übersetzung:** Das Design dieses Buches wurde sorgfältig durchdacht, um der Aussage von Neurodiversität und Nicht-Monogamie von Alyssa Gonzalez gerecht zu werden. So sollte die Komplexität und Diversität, die nicht-monogame Beziehungen und neurodiverse Erfahrungen ausmachen, hervorgehoben werden. Die in dem Buch geführten Diskussionen ermöglichten eine kreative Auseinandersetzung und forderten die Grenzen von traditionellem Buchdesign heraus, sodass die Dynamik ein integraler Bestandteil in der visuellen Erzählung wurde. Die Zusammenarbeit in einem multidisziplinären Team war ein entscheidender Faktor für das letztendliche Ergebnis. Die Erkenntnisse, das Feedback und die Unterstützung erlaubten das Austesten von innovativen Layouts und interaktiven Elementen, die die Lebendigkeit und Fluidität der Themen einfangen. Die Lesenden, die sich mit dem Buch beschäftigen, sollen auf diesen Seiten neugierig gemacht, zum Nachdenken angeregt werden und ein tieferes Verständnis für die verschiedenen Erfahrungen entwickeln, die in dem Buch geschildert werden. Letztendlich will dieses Buch die transformative Macht von Design zeigen, die über die Worte hinausgeht und die Komplexität der menschlichen Erfahrung beleuchtet.

UCH IM DIVANA-VERLAG ERSCHIENEN

olysecure - Bindung, Trauma und
onsensuelle Nicht-Monogamie

on Jessica Fern

BN 978-3-910590-02-1

er Schlüssel um polysecure zu sein

Das Poster zu Polysecure
ine anleitende Übersicht zu „HEARTS“
on Jessica Fern

BN 978-3-910590-08-3

olysecure Workbook –
as Arbeitsbuch zu Polysecure

nfang 2024 erhältlich
on Jessica Fern

BN 978-3-910590-07-6

's all blood – Das Menstruations-Nachschlagewerk

lles rund um das Thema der (ersten) Menstruation
nit vielen Erfahrungsberichten von Menstruierenden.
on Melanie Gürtler

BN 978-3-910590-01-4

ulvina Coloring Book

Ein feministisches Ausmalbuch
on Natacha Jill Colin

BN: 978-3-910590-12-0

EHR INFORMATIONEN AUF WWW.DIVANA-VERLAG.DE